Albert Stüttgen
Einkehr in die Stille

Albert
Stüttgen

Einkehr in die Stille

mit Zeichnungen von
Dorothee Stüttgen

Bernward

INHALT

Einführung — 3

Abendmeditationen — 6

Beginnendes Miteinander — 52

Auf dem Weg — 61

Worte die mich erreichen — 68

Zum Kirchenjahr — 77
    Advent
    Weihnachten
    Palmsonntag
    Karfreitag
    Ostern
    Pfingsten

EINFÜHRUNG

Stille neu entdecken in einer vom Lärm übertönten Welt: Solcher Entdeckung verdanken diese Texte ihre Entstehung. Sie gingen aus dem Schweigen hervor, ohne eigenes Dazutun. Stille breitet sich aus, wenn wir unseren Eigenwillen aufgeben, Hände und Augen zur Ruhe kommen und unser Mund verstummt.
In einer lauten Versammlung kann man Ruhe „herstellen", nicht Stille. Ihr kann man nur Raum geben, damit sie „sich ausbreitet". Sie umgreift den Raum, in dem die Gestirne ihre Kreise ziehen oder bewegungslos verharren. Sie begleitet alles Wachstum in der Natur. – Naturlaute, wie Sturm und Meeresbrandung oder das Rascheln der Blätter und das Plätschern des Baches, heben ebensowenig die Stille auf wie der Vogelruf. Erst die Menschen haben sie aus ihrer Umwelt verbannt durch ihre technischen Apparaturen.
Aber es sind nicht nur die Geräusche, die von ihnen erzeugt werden, der Auto- und Flugzeuglärm, die der Stille entgegenwirken. Es ist das umtriebige Gebaren des Menschen, das sie nicht zuläßt. Es hat den Anschein, als fürchte der rastlose Mensch unserer Tage auch in seiner Freizeit nichts so sehr wie die Stille, weil er sie nicht mehr aushalten kann. Sie aushalten hieße, der Versuchung standzuhalten, die angebotenen Weisen sogenannter Ablenkung und Zerstreuung in Anspruch zu nehmen, die einen daran hindern, „zu sich selbst zu kommen". Zu sich selbst kommen bedeutet, seiner Situation inne werden,

sie nicht zu verschleiern. Offensichtlich hat man eine geheime Furcht, daß die eigenen Machenschaften entlarvt werden und mit ihnen das Gehäuse selbstgefertigter Sicherheiten zerbricht. Stille läßt mich zu mir selbst kommen, aber doch so, daß mit meinem Verfallensein an das Vordergründige zugleich der tragende Grund meines Daseins durchscheint. Einkehr in die Stille geschieht in der Bereitschaft, alle Sicherheiten fallen zu lassen und die Tiefe dieses Grundes auszuloten, aus dem mir Heilung zufließt. Heilung erfolgt nicht von außen her, sondern aus jener Tiefe, in der mein Dasein gründet.

Was die nachfolgenden Texte sagen, erschließt sich erst, wo die Stille vorausgeht, die dieses Sagen ermöglichte. Sie sind nicht dazu da, nacheinander gelesen, sondern jeweils im Zusammenhang gelebten Lebens Stück für Stück meditierend vollzogen zu werden. Der unbeteiligte Leser würde in diesen Texten, die so etwas wie die Variationen einer Grundmelodie sind, nur ermüdende Eintönigkeit und Wiederholung finden.

Diese Texte sind, den zusammenfassenden Überschriften entsprechend, verschiedenen Zeiten und Situationen zugeordnet. Daß es sich zum überwiegenden Teil um Abendmeditationen handelt, hängt damit zusammen, daß der Abend die eigentliche Zeit der „Einkehr" ist. Wie der Ausgang bei allem Tun das Entscheidende ist, so auch jeweils der Ausgang des Tages. Meditation ist Sammlung, und in dieser Sammlung sammelt sich zugleich das Vielerlei eines Tages. So gesammelt geht mein vielfältiges Erleben über oder ein in den Schlaf, aus dem ein neuer Tag hervorgeht. Der Abend erscheint, so gesehen, sinnbildhaft im Hinblick auf unseren Lebensausgang. Auch in ihm

hoffen wir uns noch einmal zu sammeln, um so gesammelt einzutreten in eine letzte Verwandlung.

Die darauffolgenden Meditationen unter der Überschrift „Beginnendes Miteinander" lassen thematisch hervortreten, was bei allen übrigen motivierend gewirkt hat: sie alle sind im Hinblick auf ein gemeinsames Meditieren entstanden. So sehr Meditation einerseits eine Sammlung in mir selbst ist, so sehr berührt sie andererseits jenen tieferen Daseinsgrund, der mich mit allem und so auch mit anderen Menschen verbindet.

„Auf dem Weg": auch hier ist thematisch angesprochen, was ebenfalls alle Meditationen durchzieht. Vom Weg eines jeden Tages und dem zugehörigen „Übergang" von Abend und Nacht war bereits gesprochen worden. „Beginnendes Miteinander" deutet an, daß jede menschliche Verbindung ein ständiger und weiterführender Weg zueinander ist. Schriftworte, von denen die darauffolgenden Meditationen ausgehen, sind ausdrücklich Wegweisungen. Das Kirchenjahr endlich sind aufeinanderfolgende Stationen eines Weges.

Das Kirchenjahr ist der sinnbildhafte Weg unserer Vollendung. In seinen Stationen, beginnend mit dem Advent und endend im Pfingstereignis, ist wieder das Gemeinschaftsmoment wesentlich und unübersehbar. So erscheint hier alles Ich transparent und aufgehoben im Hinblick auf ein Wir, wurzelnd in der tiefen Erfahrung eines alle und alles verbindenden Grundes, der in jüdisch-christlicher Daseinserfahrung als Du offenbar wird.

ABENDMEDITATIONEN

Warten auf das Wort
das sich mir zuspricht
Antwort auf mein Heute

Was mich bewegte
das Auf und Ab in meinem Herzen
glättet sich wie der Wasserspiegel am Abend
Ich warte auf die Kunde
die aufsteigt aus der Tiefe dieses Tages

Spiegel meines Innern
das stillhält im verlöschenden Licht
der Nacht sich öffnen
Warten auf das Sternlicht im Dunkel

Sprachloses Scheinen
das aufzieht
wenn dein Denken ruht
und deine Stimme schweigt

Warten nicht mehr –
empfangen

Ein Suchen dieser Tag
und ein Finden

Das Licht am Morgen
das aufging über den Dingen
nach denen ich ausschaute
die noch unbetretene Weite
die sich mir öffnete

Nähe zu Menschen die ich fand
der Klang ihrer Stimme
nachklingend in meinem Herzen
Worte wie eine Brücke

Was sich mir schenkte
heute auf dem Weg
lasse ich zurück
Mein Verlangen trägt mich hinaus
über diesen Tag

Mich selber loslassen
in Deine Nähe
die sich ankündigt

Loslassen
meine Gedanken
meine Ziele
meine Erfolge
meine Leiden

Eine tiefere Ordnung fühlen
angehören ihrem rhythmischen Strom
strömen des Bluts in meinen Gliedern
Lebensquelle die mich durchfließt
Atemspiel
unaufhörlicher Austausch
der in mir dahingeht

Waltende Kraft
die uns belebt
uns führt
zueinander
in ein tieferes Dasein
dorthin wo sich unsere Sehnsucht ausdehnt

Das Unaussprechbare
das uns anrührt
aus dem wir kommen
zu dem wir auf dem Weg sind
das unsere Schritte lenkt
unseren Glauben weckt
unser Hoffen stärkt
unsere Liebe nährt
unser Dasein vollendet

Du schenkst uns
diesen Augenblick des Verweilens
im Ausklang des Tages

Kunde von Dir
die nachklingt
in unsern Herzen

Dieser Herbsttag
das Sonnenlicht in den Zweigen
die Farben welkenden Laubs
die ruhenden Blätter
auf dem Wasserspiegel
und der Erdgeruch in der Dämmerung

Du schenkst die Wärme
die sich um uns ausbreitet
am abendlichen Tisch
erfüllte Stunde
die wir miteinander teilen

Du schenkst Worte und das Verstehen
Einklang und Stille
Ahnung Deiner Gegenwart

Diesen gelebten Tag zurücklassen
eintauchen in die Stille
in der Du auf mich wartest
unsichtbar
unhörbar
unberührbar

Aber Du siehst mich
Du hörst mich
Du berührst mich
die Stille Deine Berührung

Die Stille die mich aufnimmt
die alle Fesseln löst
mich reinwäscht
mich geleitet in das Dunkel
in den Schlaf

Hinübergleiten
in das Licht
eines neuen Morgens

Weg den Du uns führst
lernen loszulassen

Dinge loslassen
Menschen loslassen
sich selbst loslassen
Dich loslassen

Sich loslassen in den Schlaf
in den Tod
in das Leben
das Du uns bereitest

Wunderbares Sichlösen
wenn Du uns auffängst

Du sammelst uns ein am Abend
schließt uns ein in Deinen Frieden

Wir haben mitgebracht
unsere Last
unsere Unruhe
unsere Dunkelheit

Du verwandelst sie
in das Licht dieser Stunde
Du schenkst uns Deine Nähe
in der alles umschließenden Stille

Dein Atem durchweht uns
Deine Leben spendende Kraft
macht weit unser Herz
öffnet uns füreinander

Von Dir angerührt
gehen in die Nacht
dem Tag entgegen
der auf uns wartet

Langsam kehre ich zu mir selbst zurück
aus dem Dickicht dieses Tages

Was mich gefangen hielt
beginnt sich zu lösen
Arbeitsdruck Zeitdruck
Druck der von Menschen ausging
die mich in Anspruch nahmen
Situationen die mich überforderten

Heimkehr aus dem Zerstreutsein
in die Mitte
von der ich ausging

In die Tiefe des Abends eintauchen
einwilligen in das Schweigen
in dem sich alles berührt
alles Trennende schwindet

Kraft die uns umgreift
die uns trägt
ihr sich anvertrauen

Dank für die Rückkehr in die Stille
für das Dunkel
in dem die Kerze aufleuchtet
Dank für das Aufleuchten in mir

Dank für diese Stunde
die uns gemeinsam berührt
unser Herz weit macht
unser Fühlen zusammenführt –
was in uns tönt
e i n e Stimme

Dank für das Wegstück dieses Tages
das Unerwartete
das uns neu belebte
Menschen die ich berührte
unerschöpfliche Quelle
aus der wir leben

Dank für die Stunden des Alleinseins
in denen die Frucht der Begegnungen reifte

Wir selber Reifende im Anhauch Deiner Nähe

Erfahren immer wieder von neuem erfahren
im Ausgang des Tages zurückkehren zu können

Rückkehr aus der Zerstreuung
in die Sammlung dieser Stunde
aus atemlosem Dahintreiben
in den lösenden Einklang des Atmens
den Lebensatem spüren
den Austausch
in dem Erneuerung geschieht

Atmen geschehen lassen
sich anvertrauen seinem stillen Rhythmus
sich anvertrauen der Verwandlung
die in uns
die mit uns geschieht

Die Last dieses Tages schwindet
alle Schwere löst sich
aus den Gliedern meines Körpers
meine Stirn weitet sich
die treibende Flut der Gedanken verebbt

Was die Helle des Tages trennte
eingeschmolzen
in die aufsteigende Glut
dieses Augenblicks

Kein Wünschen mehr kein Verlangen –
gefüllte Gegenwart
die sich uns schenkt
alles umschließende Gegenwart

Der Tag den ich zurücklasse
Stille die sich ausbreitet

Loslassen alle Worte und Gedanken
alle Unruhe und Anspannung
alle Sorge und Ungeduld

Atem der Stille
die in mich eindringt

Die Weite spüren in mir
und außer mir
die Nähe zur Quelle
aus der ich lebe
die Nähe zueinander

Verbunden was der Tag trennte
Helle und Dunkel
Nähe und Ferne
Wachen und Traum
Zeit und Ewigkeit

Unter uns
Deine Ankunft

Erfüllter Tag

Am Morgen der Aufgang des Lichts
der Luftzug am geöffneten Fenster
wie eine Verheißung –
neu geschenkte Kraft
neuer Aufbruch auf dem Weg

Durchschrittene Stunden
des Suchens und Versuchens
des Anpackens und Gelingens
des Aufeinanderzugehens und Wartens
des mühsamen Miteinanders

Jetzt ist Abend
verausgabt die Kraft
Heimkehr in die Stille

Ich lasse die Hände sich lösen
die Gedanken absinken
abklingen das Pochen meines Bluts
Ruhe die bei mir einkehrt
der Verwandlung Raum gibt

Tiefe die sich auftut
in die ich mich einlasse
sich schenkende umschließende Tiefe

Ein Tag wie andere
aber Dein Geist streifte mich
noch klingt die Berührung nach

Ich gehe weiter meinen Weg
aber es ist wie ein Aufbruch
nicht mein Aufbruch
Du brachst etwas auf in mir
ich ließ es geschehen
mein Denken meine Zweifel mein Tun
stellten sich nicht quer
neu aufkeimendes Leben
unscheinbar
auf ausgetrocknetem Boden

Bereit sein
für Dein Erscheinen –
das Stillwerden an diesem Abend
Einübung in diese Bereitschaft

Ruhen lassen alle Pläne
alle Berechnungen
alle Erkenntnisse

Aufgehen lassen in uns die Keime
eines unermeßlichen Wirkens

Ich war ausgefahren am Morgen
in die unbetretene verlockende Weite dieses Tages

Auf ein ausgetretenes Feld schaue ich zurück
die übriggebliebenen Spuren
meiner Entdeckungen
meiner vergeblichen Versuche
der offengebliebenen Begegnungen

Unabwägbar
was ich zurückließ bei denen
die ich mit meinem Leben berührte
Zuversicht und Enttäuschung
Glück und Trauer
Liebe und Kälte

Gut daß dieser Tag an ein Ende kommt
und ich ihn aus der Hand geben kann
daß ich befreit bin
einzutreten in die Stille dieses Abends
die nichts von mir fordert
als mich loszulassen

Ich gleite zurück in das Dunkel
in dem Du mich auffängst

Die Geschehnisse dieses Tages
aneinandergereiht ineinandergreifend
wie Glieder einer Kette
der letzte Ring schließt sich
Anfang und Ende fügen sich zusammen

Der Tag endet wie er begann
im schweigenden Verweilen
fernab von Orten wo sich Wege kreuzten
vom Stimmengewirr
vom Hin und Her sich jagender Gedanken

Kette die sich schließt
den Raum umschließt
in dem sich mein Dasein rundet
Gerundeter Kreis dieses Tages
Gleichnis meines Daseins
das sich schließt, wo sich berühren
Geburt und Tod
Licht und Dunkel
Reden und Schweigen

Geheimnis meines Lebens
das meine Tage umschließt
mein Tun, mein Nichtstun
mein Hoffen und Verzagen
mein Lieben mein Erleiden
Begreifen und Nichtbegreifen

IHM sich anvertrauen

Leben das mir neu geschenkt wurde
alles durchdringendes Leben

Dieser Raum
dieser Garten
diese Straße
diese Stadt
ich selber
ein Ort lebendigen unausschöpfbaren Austauschs

Licht des Tages
das meine Augen aufnahmen
meine Seele erwachen ließ
Luft die mich am Leben hält
die Luftwege meines Leibes durchzieht
Duft der Erde den ich einsog
der Geruch der Feuchte dieses Abends

Begegnung die die Wände meines Innern überwand
der suchende Blick den ich einließ
Worte die in mich eindrangen
ich ließ mich von ihnen tragen
ihr Nachklingen in meinem Herzen

Geheimnis eines alles erfüllenden Lebens –
im Dunkel dieser Nacht
SEINE bleibende Gegenwart

Heute morgen sagte ich meine Kraft
mein Werk an dem ich schaffe und mich erprobe
jetzt wo alle Kraft von mir genommen geht mir auf
sie kommt nicht von mir
sie kommt und geht ohne mein Dazutun
unverfügbare Wirkkraft meines Lebens

Was ich mein Werk nenne verdanke ich nicht mir
ich bin nur die Stelle an der es entsteht
was ich mein Leben nenne ist das bewegte sprudelnde Wasser
nicht die Quelle

Quelle die ich nicht bin
der ich mich verdanke
Quelle meines Lebens

Ich beginne diese Quelle zu ahnen
da ich mich meinen Tag zurücklasse
mich gleiten lasse in das Dunkel das sich öffnet

Wie die Kerze im Dunkel aufleuchtet
so mein Leben in der Tiefe des Schweigens

Dieser Tag gefüllt bis an den Rand
was meine Augen und Ohren aufnahmen
was mein Herz bewegt hat
sammelte sich in mir
wie flutendes Wasser
Flut der Worte der Bilder
der treibenden Gedanken

Die farbigen Bilder des Tages
sie münden ein in das Dunkel
das ihre Konturen auflöst
Wasserspiegel der sich glättet über der Tiefe

Dein beginnendes Leuchten in mir
das aus dem Dunkel aufsteigt

Sich loslassen in das Dunkel
das den Tag einhüllt

Stunde die sich uns öffnet
wenn alles getan
alles gesagt
alle Sorge abgelegt ist

Dem Schweigen Raum geben
das sich um uns ausbreitet
uns aufnimmt

Einstimmen auf den Klang
der unhörbar schwingt
Durch uns hindurch
über uns hinaus –
keine Grenzen mehr
die sich zwischen uns aufrichten

Du den wir ahnen
anklingend
in der Schwingung unseres Herzens

Die Stunden des Tages gefiltert
in der Stille dieses Abends
Botschaft die sich sammelt
aus den verblassenden Bildern
den abklingenden Worten
aus den nachschwingenden Begegnungen
mich durchdringende wortlose Botschaft
erfüllte Gegenwart

Zerrissenheit
Herz und Kopf voneinander weitab

Unaufhaltsam entführt
auf der Straße meines Denkens
ich hatte mich ihr anvertraut
und nannte es meinen Weg gehen

Von Menschen und Dingen
von mir selbst entfernt
finde ich mich wieder
wie ausgesetzt

Einkehr in das Dunkel dieser Stunde
mich zurücktragen lassen
zu den Quellen meines Lebens

Quelle der Verbundenheit mit Menschen
deren Nähe ich suche
um die ich mich sorge
die meinen Weg kreuzen
die mich ein Stück weit begleiten

Quelle der Stille
die den ausgetrockneten Grund meiner Seele weit macht
aufgrünen läßt den Strauch meiner Hoffnung
die Nachtblume Sehnsucht die aufblüht
im Sternlicht

Fülle des Tages
der Bilder der Begegnungen
der neu erwachenden Kräfte

Straßen die ich durchschritt
Räume in denen ich verweilte
Augen in die ich schaute

Ich habe mich verausgabt
an Dinge Menschen Situationen
an die Aufgaben die sie mir stellten
sie haben mein Herz gefüllt
ich trage sie in mir
ihre Süße und Bitterkeit
ich bringe sie mit in die Stille
in der dieser Tag ausklingt

Verwandlung die ich geschehen lasse
Übergang ohne Ende

Heute morgen war ich hinausgegangen in diesen Tag
planend sorgend Begonnenes weiterführend
aber dieser Tag ging seinen eigenen Gang
ich bin wie zerstreut
in seine vielen kleinen Schritte

Mir selber entlaufen
verausgabt an Dinge Menschen Situationen
suche ich nach mir selber
nach dem was zurückblieb
nach dem wovon ich ausging
und zu dem ich zurückfinden möchte

Meinen Willen loslassen
meine Gedanken
meine Unruhe

Stille die nach mir ausgreift
in der ich mich wiederfinde
die Fülle dieses Tages
eingesammelt im Schweigen

Mein Schweigen
das sich auffangen läßt
von der alles umfassenden Weite
Deiner Gegenwart

Kraft aus der ich lebte
an diesem Tag

Der nicht versiegende Mut
meine Arbeit weiterzuführen
die mich überfordert
die immer wieder aufkeimende Hoffnung
sie befähigt mich
neue Begegnungen zuzulassen
Menschen an mich heranzulassen
mich Menschen zu nähern
ungeachtet aller Enttäuschungen

Kraft der Versöhnung
wo ich angegriffen werde
wo die Gegensätze unversöhnlich erscheinen

Kraft des Vertrauens
im aussichtslosen Bemühen
unser Leben und Überleben auf Dauer zu sichern
Vertrauen auf dem Weg
dessen Ende ich nicht kenne

Kraft der Worte
die in mich eindringen
mich bewegen
die Kraft des Geheimnisses
in die eingewoben
mein Leben aufblüht

In mir und außer mir
Deine Nähe

Ungezählte Schritte an diesem Tag
der letzte führte an diese Stelle
an der meine Knie den Boden berühren
meine Hände legen sich ineinander
nichts mehr das ergriffen und besorgt werden muß

Mir selbst zurückgegeben
wenn meine Hände ruhen
mein Kopf schweigt
mein Herz still wird

Nur da sein
im aufgehenden Dunkel Deines Kommens
im Licht Deiner sich schenkenden Kraft

Immer wieder neu den Weg finden
immer wieder verirrt im Weglosen
im Gestrüpp verwirrter Gedanken
zielloser Wünsche

Leiden das dich zurückführt
auf deinen Weg
das dir Schwere gibt
auf der Spur deines Wegs
dich festhält am Boden
der dich trägt

Alles Finden ist Wiederfinden
ist Rückkehr in die Fülle
aus der du kommst
und die auf dich wartet
wenn du heimkehrst

dein Weg in die Mitte
den Kern aller Dinge
Schwerkraft die dich zieht
du vertraust ihr

Wegstück dieses Tages
die Spur meiner Schritte
wo ich vorüberging
wo ich anhielt und verweilte

Spuren meines Tuns
zurückgeblieben am Rand meines Wegs
Spuren meiner Worte
in der Seele von Menschen
die mir begegneten
Spuren des Glücks
Spuren meines Versagens
auf dem Grund meines Herzens

Last und Fülle dieses Tages
versammelt im Übergang
in das alles Umschließende
das auf uns wartet

Deine Stimme vernehmen
die Stimme Deiner Liebe
verweilen in der Glut dieses Augenblicks

Am Ende dieses Tages
sich aus der Hand geben

Mein Denken loslassen
mein Wollen
meine Sorge um mich selbst

Mich fallen lassen
in diese Stille
die mich aufnimmt

Gefangen in meinen Gedanken
verstrickt in ihre endlosen Fäden

Angebunden
an den Tag der nicht endet
Bilder die mich verfolgen
Stimmen die noch in mir tönen

Raum der Stille
in der die Stimmen verhallen
die Bilder verblassen
die Fäden meines Denkens sich auflösen

Das Gelöstsein spüren
reine Schwingung meines Daseins
geheime Kraft die mich trägt

Loslassen
diesen gelebten Tag

Die Dinge loslassen
die meine Augen entdeckten
meine Hände festhielten
sich lösen von den Gedanken
die sich mir schenkten
ruhen lassen was ich schaffte und nicht vollendete

Ich lasse sie zurück die Menschen
deren Wärme ich spürte
die Augenblicke des Sichfindens und Verstehens
die in mir nachschwingen

Glut meines Herzens
die ich mitnehme
da der Tag ausklingt

Rückkehr in das Dunkel
das mich aufnimmt
Geheimnis der Nacht
in der Deine Sterne aufziehen

Die Last dieses Tages schwindet
die Last der Ängste voreinander
der Mißverständnisse
der Reibungen und verletzenden Worte

Die an denen ich leide
die an mir leiden
mitnehmen in diesen Abend
der alles verwandelt

Einkehr in das Dunkel
den schweigenden Grund aller Dinge
seine wirkende Kraft

Ihr sich überlassen
die Nacht empfangen den Schlaf –
den neuen Morgen
der auf uns wartet

Den Tag hinter sich lassen
zurücklassen was mich trieb und bedrängte
meine Zweifel
meine Ängste
meine Bitterkeit –
Sorge die mich aufzehrt

Die Nacht einlassen
sich öffnen dem Dunkel
das mich aufnimmt

Der Stille lauschen
die Dir vorausgeht

Zerstreut
ausgezehrt
weglos

Im Ungewissen ausharren
auf die Kraft warten
die Kraft still zu werden
zu lauschen
zu empfangen
zu wachsen
hinaus über diesen Tag
über die Enge
in die ich mich einschloß
den Unfrieden
in mir und außer mir
über meine Zerrissenheit

Eintauchen
in das unbegreifliche
alles verbindende
alles lösende
erlösende
Wehen Deines Geistes

Ausklang des Tages
alles bleibt zurück
seine Forderungen
und Überforderungen
das Getane
und Ungetane
Erreichtes und Versäumtes

Einfach dasein
den Abend einlassen
einlassen das sich schenkende
befreiende
alles versöhnende
Geheimnis –
von ihm berührt werden

Kein Suchen mehr
keine Unruhe

Wortlose
fraglose
erfüllende Stille

Zurückkehren
aus dem Vielerlei
meiner Aufgaben heute
meiner Ziele
meiner Wünsche
meiner Interessen

Nicht mehr selber etwas tun
etwas erreichen
für mich oder andere erzwingen
alle Anstrengung aufgeben
darauf einlassen
daß etwas mit mir geschieht
daß ich durchlässig werde
für etwas das nicht von mir kommt
das eindringt
in alle Fasern meines Innern

Ich suche nicht seinen Namen
seine Kraft genügt mir
die meine Unruhe wegnimmt
meine Fesseln löst
mich gehen läßt
den nicht endenden Weg
der Verwandlung

Mich fallen lassen
in das Dunkel
das mich auffängt

Mich nicht mehr festhalten
an meinen Gedanken
an dem Netz das ich knüpfe
den Dingen die ich liebe
den Menschen die mich begleiten

Aus dem Dunkel
mich neu empfangen
einen neuen Anfang
der auf mich wartet

In die Dunkelheit eintauchen
ihre Tiefe
ihre Wärme
ihre verwandelnde Kraft
ihre Verheißung

Das Verborgene
das aufgeht
wenn alles zurückbleibt

Heute morgen empfing ich diesen Tag
ich habe ihn angenommen und gelebt
neu aufgehendes Leben
in dem ich mich neu gewonnen habe

Dinge die ich entdeckte
Wege die sich öffneten
Menschen deren Strahlen mich erwärmten
deren Leben mich herausforderte

Dasein dürfen
in immer neuer belebender verwandelnder Gegenwart

In allem die Kunde
die unaussprechliche
von dem vor mir Liegenden
dem ich näher komme

Du hast mich berührt
im Glanz dieses Tages
im dämmernden Licht
dem meine Augen sich öffneten
im kühlen Lufthauch der Frühe
alles kündigt Dich an
alles verbirgt Dich

Die erwachende Kraft
meiner Sinne
meiner Gedanken
meiner ersten Schritte

Türen die sich auftaten
Blicke die mich trafen
Worte die mich bewegten

Einkehr jetzt in das Dunkel
das Dunkel meiner verbrauchten Kraft
der ermüdeten Sinne
das Dunkel der erlöschenden Gedanken
das Dunkel Deines Schweigens

Dank für die Stille
in der ich sein darf am Ende dieses Tages
in die ich mich öffne

Alles zurücklassend
aufgehoben in der Nacht Deines Schweigens

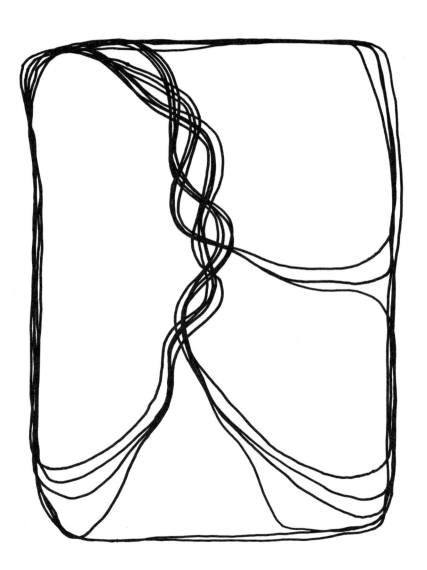

BEGINNENDES MITEINANDER

Dank für den aufgehenden Tag
seine Farben
sein Leben spendendes Licht
in dem wir erwachen
uns neu begegnen

Weg aus der Nacht
unseres Alleinseins
unserer Ungewißheit
unserer Kraftlosigkeit

Unsere ersten Schritte
wenn der Nebel sich lichtet
vor uns auf dem Weg
unser tastender Schritt
in die Weite
die sich öffnet

Miteinander teilen
den Aufstieg
die Erwartung
das erste Licht

Sein Leuchten
in unserm Schweigen
in unsern Worten
im stillen Miteinander
das uns geschenkt wird

Seiner Kraft vertrauen
die alles verwandelt

Aus dem Dunkel aufbrechen
miteinander

Licht das aufgeht
in unsern Herzen
den Weg hell macht
auf dem wir gehen
Durch die Nacht die uns umgibt

Licht das den Tag ankündigt
der auf uns wartet
sein Widerschein
auf den Dingen am Rand unseres Weges
in den Augen unserer Weggefährten
in euren Augen

Kraft die uns erfaßt
wenn wir miteinander beten
miteinander lauschen
miteinander schweigen
miteinander uns öffnen
Deinem Kommen

Aufgehender Morgen
über unserm Weg

Unsere Last die wir mitbringen
unsere Unfertigkeit
unser Wissen und Nichtwissen
unser mühsames Suchen und Versuchen
unser zögerndes Hoffen

Das Morgenlicht einlassen
seine belebende Kraft
den Tag der aufgeht
über unserem Erwachen

Lösen die Fesseln des Schlafs
erwachen aus dem Traum unserer Einsamkeit

Leben das in uns aufbricht
wenn wir uns anschauen
wenn wir aufeinander zugehen
wenn wir miteinander teilen
unser Ungenügen
unsere Sehnsucht
unsere Einsamkeit –
die Freude
wenn sie aufsteigt
aus dem Grund unseres Herzens

Neubeginn
wo wir zueinander finden
Kruste die aufbricht

Sommerregen
der eindringt in die Furchen
unseres Herzens

In der Mittagsstunde
aufgrünende Hoffnung

Am lehmfeuchten Hang
im flimmernden Licht
die Blume Mohn

Unsichtbare Sonne
ihr Widerschein
im Mohnrot
auf unsern Gesichtern
wenn wir uns anschaun

Ahnung des Sommers
der vor uns liegt
undeutbare Botschaft
Verheißung

Neuanfang
den wir miteinander suchen
den wir wachsen lassen
dem wir uns öffnen

Keime unserer Hoffnung
unseres Suchens
unseres beginnenden Miteinanders
die leise sich auftun

Kraft die uns zufließt
aus unserer Begegnung
den uns zugesprochenen Worten
den Worten im Austausch miteinander

Worte beladen mit der Last unseres Versagens
Worte getragen von Zuversicht
angefüllt mit der Freude unseres Aufbruchs

Inständig unsere Bitte
daß wir geführt werden
dem Ziel zu
das manchmal aufleuchtet
in unsren Herzen

Neu aufgehendes Leben
wo wir aufbrechen
Aufbruch zueinander
jeder von uns weit her

Inseln von denen wir ausfuhren
Inseln unserer Selbstgefälligkeit
unserer Sattheit
unserer Trägheit
unserer Selbstgenügsamkeit
unserer Traurigkeit

Das künstliche Licht
mit dem wir unsre Dunkelheit verbargen
vor uns selbst
vor einander

Unser Weg aus dem Dunkel
des Alleinseins
der Verstellung
unserer falschen Sicherheit

Du läßt uns aufgehen
das Licht Deines Kommens
läßt uns aufbrechen zueinander

Deine Neugeburt
die wir zulassen
in unseren Herzen

Miteinander teilen
unser Alleinsein
unsere Unruhe
unser Suchen
den steinigen Weg

Voneinander empfangen
den Gruß von Auge zu Auge
Vertrauen das uns trägt
das lösende Wort

Uns schenken lassen
Deinen erweckenden Geist
Verwandlung die mit uns geschieht
die Kraft der Liebe

Erweckende verwandelnde Kraft
die uns wachsen läßt
hineinwachsen in das Geheimnis
Deines alles wirkenden
alles umfassenden
uns umfassenden Geistes

Unser Tun
unsere Stimme
unser Schweigen
Dein Lobpreis

AUF DEM WEG

Geh in das Land das ich dir zeigen werde –
Abraham folgte Deinem Ruf

Gehen wohin Du mich führst
gehen ohne zurückzuschauen
mich nicht mehr festhalten
an meinen Gewohnheiten
meinen festen Vorstellungen
dem was ich zu besitzen glaube

Frei werden für den Weg
den Du mit mir vorhast

Weg für mich bestimmt
Weg zu Dir

Der oft nicht sichtbare Weg
wenn alles um mich versinkt
im Nebel der Schwermut
und dennoch weitergehen
tastenden Schritts

Wenn Zweifel sich einfrißt in mein Herz
meine Schritte lähmt
dennoch vorangehen

Weg für mich bestimmt
Weg zu Dir

Nicht mehr weitersehen
nicht mehr weiterwollen
nicht mehr weiterkönnen
und dennoch weitergehen

Weg für mich bestimmt
Weg zu Dir

Bist Du nicht vorausgegangen
heißt weitergehen nicht diesem Weg folgen
dem Kreuzweg
dem Leidensweg
dem Sterbensweg

Weg in das Land
in das Du mich führst
aus der Einsamkeit meiner Wüste

Hunger nach Menschen
mit denen ich mein Leben teilen kann
Durst nach Dir

Du lenkst meine Schritte
durch die Täler meiner Schwermut
meiner Trauer
meiner Niedergeschlagenheit

Du entfachst in mir
das Feuer Deiner Liebe
die Glut des Vertrauens
die nicht erlöschende Hoffnung

Weg nach draußen
aus der Enge meiner Gewohnheiten
aus dem Netz meiner Gedanken
in die ich mich einspinne
aus der fertigen Welt
meiner Vorurteile

Weg zu Menschen die warten
auf ein befreiendes Wort
auf eine ausgestreckte Hand
auf ein Herz
das sich ihnen öffnet

Weg in Deine Welt
die erfüllt ist
vom Abglanz Deines Wesens
Dein Licht im aufgehenden Morgen
auf den Dingen die ich schaue
sie sprechen von Dir
der unausschöpfbaren Fülle
die ich nicht fassen kann

Leben das mich trägt
mich öffnet dem Geheimnis
Deiner Gegenwart

Die Versuchung auszuweichen
dem Anblick Deines Leidens auszuweichen
Deines Kreuzes –
dem Anblick meiner Verkehrtheit
meiner Hilfsbedürftigkeit
meiner Hoffnungslosigkeit

Diesen Anblick aushalten
sich von Dir finden lassen
von Dir lieben lassen
von Dir befreien lassen –
frei werden für die Not des anderen
frei werden füreinander

Nicht wir haben Dich erwählt
Du hast uns erwählt
und auf den Weg gebracht
den Weg zu Dir

WORTE DIE MICH ERREICHEN

Worte Deiner Botschaft
die an mein Ohr dringen
mein Herz berühren
mich verwandeln

Neu erwachendes Leben –
aus der Starre sich lösend
meine Glieder
ausgreifender Schritt
in die Weite
die sich öffnet

In Licht getaucht
das Land
wo Du mich wohnen läßt

Auf der Straße saßen zwei Blinde, und als sie hörten, daß
Jesus vorbeikam, riefen sie laut: Herr, Sohn Davids, hab
Erbarmen mit uns ... Jesus blieb stehen, rief sie zu sich und
sagte: Was soll ich euch tun? Sie antworteten: Herr, wir
möchten, daß unsere Augen geöffnet werden. Da hatte
Jesus Mitleid mit ihnen und berührte ihre Augen. Im
gleichen Augenblick konnten sie wieder sehen, und sie
folgten ihm. (Mt 20,30-34)

Du hörst unser Schreien
auch wenn unser Mund stumm bleibt
wenn wir ihn selber nicht mehr vernehmen
den Schrei
der lautlos verhallt
an den Wänden unseres Herzens

Dein Wort das unser Ohr erreicht
Dein Kommen das sich ankündigt
Dein Stehenbleiben
wenn die Finsternis
unter unseren erblindeten Augen
nach Dir schreit

Von Dir berührt werden
wenn alles Nacht ist in mir
Dein Wort das eindringt
in mein Herz
mein Inneres hell macht
mir den Weg weist
Deinen mir bestimmten Weg

Er zog in das Gebiet von Judäa. Viele Menschen
folgten ihm dorthin und er heilte sie –
so berichtet Matthäus (19,1 f.)

Zurücklassen das Land in dem ich wohnte
das Gewohnte verlassen
Gewöhnung aufgeben und Sicherheit
die eingefahrenen Bahnen
die ich mein Leben nannte

Seinem Weg folgen
der mich hinüberführt
in neues Land

Leben neu geschenkt
sein Widerschein auf allem
das meine Augen meine Hände berühren

Mich anrühren lassen
von Seinem Wort
dem alles bewegenden
Sein Geist
der mein Herz neu macht

Seit Erschaffung der Welt wird seine unsichtbare
Wirklichkeit an den Werken der Schöpfung mit der
Vernunft wahrgenommen (Röm 1,20)

Geheimnis Deines Wesens
sein Widerschein
in allem Geschaffenen

Die strahlende Kraft der Sonne
die unsern Tag hell macht –
im Morgenlicht
die sich schenkende Fülle
neuen Lebens
Deine Wärme spüren
die Wärme Deiner Liebe

Freude der Augen am Farbenspiel
des aufblühenden Frühlings
unaussprechliche Botschaft die uns anrührt
in den Blüten des Apfelzweigs
im zarten Blau des erwachenden Himmels

Deine Nähe vernehmen
im Lufthauch der Frühe
im feuchten Duft der aufbrechenden Erde
ihres keimenden Lebens

In den mir begegnenden Augen
ihrem Leuchten
Dein Widerschein –
Worte die sich in mir formen
Antwort auf Deine Botschaft

Dein Geist der sich mir schenkt
Dich zu preisen
Stille die sich mir schenkt
in Deinem Geheimnis zu verweilen

Durch ihn haben wir Gnade und Apostelamt
empfangen, um in seinem Namen alle Heiden zum
Gehorsam des Glaubens zu führen (Röm 1,5)

Unsere Unentschiedenheit
unsere Schwachheit
unsere Haltlosigkeit

Deine uns umgreifende Gnade
Du gibst uns Anteil an Dir
die Kraft des Glaubens
Du läßt aufgrünen unsere Hoffnung
machst hell unser Herz

Deine verwandelnde Kraft weitertragen
Durch unser Offensein
andere öffnen
mitteilen
mit ihnen teilen
unser Vertrauen
unsere Erwartung
unsere Sehnsucht
unser Finden

Bleibe bei uns in der Nacht

Verkauft eure Habe und gebt den Erlös den Armen!
Macht euch Geldbeutel, die nicht zerreißen. Verschafft
euch einen Schatz, der nicht abnimmt, droben im
Himmel, wo kein Dieb ihn findet und keine Motte ihn
frißt. Denn wo euer Schatz ist, da ist auch euer Herz.
(Lk 12, 33-34)

Besitzend sind wir besessen
von der Sorge um uns selber

Meine Armut
die Selbstzufriedenheit
die Sucht nach Sicherheit
die Angst was ich aufhäufe zu verlieren
mich zu verlieren

Die andern sehen lernen
ihre Armut die nach mir ruft

Reichtum der alle reich macht
reich sein wenn ich mich öffne
wenn ich meine Habe austeile
wenn ich mit ihnen teile
was ich empfing
wenn mein Herz schlägt
für die, die auf mich warten

Auserwählt, das Evangelium zu verkünden, das er durch
seine Propheten im voraus verheißen hat in den heiligen
Schriften: das Evangelium von seinem Sohn, der dem
Fleisch nach geboren ist als Nachkomme Davids, der dem
Geist der Heiligkeit nach eingesetzt ist als Sohn Gottes in
Macht seit der Auferstehung von den Toten (Röm 1,1-4)

Dein Evangelium verkünden
Deine gute Botschaft
Dein Wort das alles Verwandelnde

Sich ihm öffnen
es einlassen in den Grund unseres Herzens
von ihm ergriffen
Deine Stimme sein

Nicht unsere Worte
unsere Gedanken
unser Tun –
Deine Stimme
Dein Tun in uns

Du hast uns gerufen
daß wir Dich verkünden
Dein Heil
Deine alles verwandelnde Kraft

ZUM KIRCHENJAHR

ADVENT

Advent Ankunft –
sein Geheimnis
das zu uns auf dem Wege ist

Ob wir Dich entdecken?
Man kann nicht mit dem Finger auf Dich zeigen
Dich nicht festhalten ergreifen begreifen
die meinen Dich zu begreifen
lassen Deine Ankunft nicht zu
wenn wir glauben Dich zu kennen
bist Du weit weg

Deine Nähe
wenn wir am Ende sind
zu Ende mit unserer Kraft
unserer scheinbaren Überlegenheit
mit dem Hin und Her unsrer Gedanken
mit dem was wir uns ausdenken –
ausdenken, was Du bist und nicht bist

Dein geheimnisvolles Kommen zulassen
da wo wir es am wenigsten vermuten
bereit sein für das Unerwartete
                    Unausdenkbare
                    Unbegreifliche –
das worauf wir nicht eingestellt waren
womit wir am wenigsten gerechnet haben
wogegen wir uns wehrten:
das Leiden das uns anfällt
die Einsamkeit die uns überkommt
der Verlust aller Sicherheit

Unser Leiden
unsere Einsamkeit
unsere Ausweglosigkeit:
der Ort Deines Kommens

Warten auf Dein Kommen –
die Worte aufnehmen
die Dich ankündigen
die Menschen wahrnehmen
die zu mir unterwegs sind

Mit ihnen teilen
das Warten
die Kunde von Dir –
mit ihnen deuten
die Zeichen Deines Kommens

Etwas von Deinem Kommen unter uns
wenn wir zueinander auf dem Weg sind

Aufeinander warten
miteinander die Stille suchen
in der Du uns sammelst
uns Kraft gibst
uns trägst
unser Inneres hellmachst –
Dein Feuer in unsern Herzen

Es hinaustragen in das Dunkel
seine Glut in unsern Worten
in unsern Liedern
in unserm Tun

Auf Deine Verheißung vertrauen:
seht ich mache alles neu

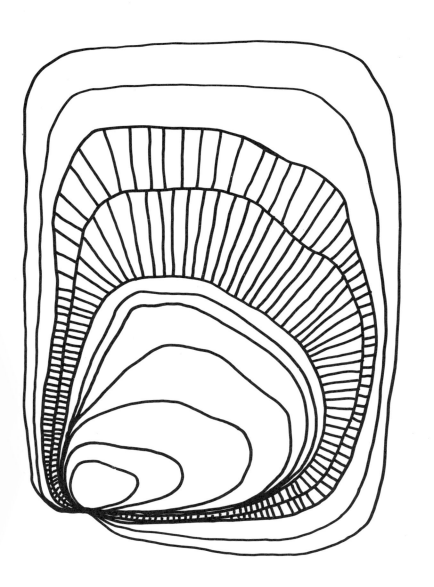

Legt euren Gürtel nicht ab, und laßt eure Lampen brennen! Seid wie Menschen, die auf die Rückkehr ihres Herrn warten, der auf der Hochzeit ist, und die ihm öffnen, sobald er kommt und anklopft. (Lk 12, 35-37)

Dein Kommen erwarten
Dein Klopfen
an der Tür unseres Herzens

Unsere Müdigkeit
unsere Schwermut
unser Verschlossensein
wenn Du fern bist

Klopfe bald an
bevor die Müdigkeit uns überwältigt
der Funke Hoffnung erlischt
den Du in uns entzündet

Dich erwarten
wenn die Nacht kommt
und keine Sterne aufziehn –
aber der Funke Hoffnung
das schwache Zeichen
unserer Erwartung

Unser Ohr
wird es Dein Klopfen vernehmen

Du bist unterwegs zu uns
wenn wir uns loslassen
einlassen auf den Augenblick
den gegenwärtigen
den nicht mehr wiederkehrenden Augenblick
Deiner Ankunft –
die wir nicht festhalten können
die immer neu geschieht
von Augenblick zu Augenblick
von Tag zu Tag –
wenn von unsern Augen
der Schleier fällt
wenn unser Auge hell wird
vom Licht Deines Kommens

In jenen Tagen trat Johannes der Täufer auf und verkündete in der Wüste von Judäa: Kehrt um! Denn das Himmelreich ist nahe. Er war es, von dem der Prophet Jesaja gesagt hat:
Eine Stimme ruft in der Wüste:
Bereitet dem Herrn den Weg!
Ebnet ihm die Straßen! (Mt 3, 1-3)

Wüste in die Du mich führst
Ort der Umkehr

Zurückgelassen die schützenden Mauern
meines Denkens
der vertraute Raum
meiner Gewohnheiten
die geordnete Welt
meiner Vorstellungen
meines eingeteilten und geregelten Lebens

Bereit sein
zu einem neuen Anfang
Nähe Deines Heils
wenn ich mich einlasse
auf das
was Du mit mir vorhast

Dir den Weg freigeben
in die Mitte meines Lebens
meine Widerstände fallen lassen
die Wüste in mir entdecken
den ausgetrockneten Grund
meines Herzens

Auf Dich warten –
Dein Wirken in uns

Weil wir Dich finden
finden wir einander
weil wir einander finden
finden wir Dich

Du in unserer Mitte –
bei Dir bleiben

Wir sind zueinander unterwegs
unsere Einsamkeit die wir miteinander teilen
unsere Hilflosigkeit
unsere schwachen Kräfte

Aber auch unser Warten und Erwarten
unser Offensein für etwas
das unsere Einsamkeit durchbrechen kann
das uns Hilfe bringt
das uns Kraft gibt

Unser Vertrauen
auch das teilen wir miteinander
in unserem Zusammensein
spüren wir etwas von Deinem Kommen
Licht in der Dunkelheit

Dieses Vertrauen dieses Licht
das Du in uns entzündet hast
laß es wachsen
laß es die Finsternis
die uns umgibt
durchdringen

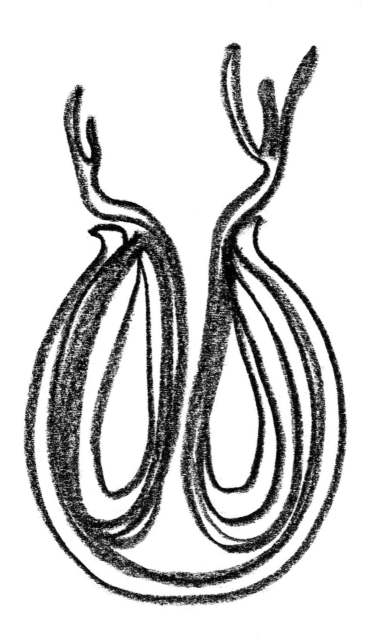

WEIHNACHTEN

Laß aufgehen das Licht Deiner Geburt
auch in unsern Herzen
Deine Ankunft vertreibe die Finsternis
die in uns nistet
unsern Stolz
unsere Selbstsucht
unsere Unentschiedenheit
unsere Trägheit

Laß uns Zeugen sein Deiner Gegenwart
Dein Licht in unsern Herzen
Dein Wort auf unsern Lippen
Deine Kraft in unserm Tun
Dein Geist wo wir versammelt sind in Deinem Namen

Laß uns lebendig erfahren
das Licht das unsere Nacht hell macht
Frieden auf Erden den Menschen
die Gott lieb hat
und die Gott lieb haben

Frieden der bei uns einkehrt
wenn wir uns loslassen
in das Geheimnis Deines Kommens

Unsere Angst loslassen
die Sicherheiten an die wir uns klammern
die festen Bilder die wir uns machen
voneinander

Wir alle
in Deiner Liebe

Deine Ankunft
wo wir auf dem Weg sind –
auf dem Weg unserer Enttäuschungen
unserer Leiden
unserer Ängste

Diese Enttäuschungen
diese Leiden
diese Ängste
annehmen

Unruhe die uns treibt
hinaustreibt aus unserer Sattheit
unserer Sicherheit
unserer Zufriedenheit
in der wir dahindämmern
ferne von Dir

Dich finden auf dem Weg
auf dem Weg in das Geheimnis der Dinge
vor unsern Augen
der Menschen vor unserer Tür
Dich finden auf dem Weg zueinander

Licht das aufleuchtet
in unseren Herzen

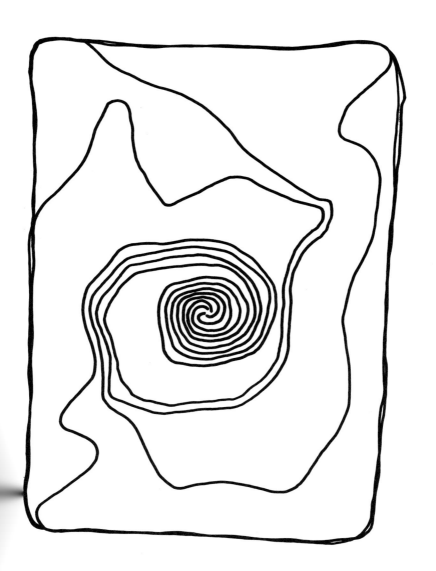

Vorausgegangen die Wehen der Geburt
in der Abendstunde auf verlassenem Feld
das Neugeborene im Futtertrog am Feldrand
in ihm das Geheimnis Gottes
das Gottgeheimnis das aufgeht
wo es niemand vermutet
das Große das alles durchwaltende Geheimnis
am unscheinbaren Ort

Neuanfang
das ganz Neue aus dem Dunkel hervorgehend
nicht das worauf man vorbereitet ist
nicht das was man im voraus schon zu kennen meint
nicht das was wir uns vorstellen

Sein Wort: Seht ich mache alles neu –
auch dein Herz
wenn es sich einläßt auf das Unbegreifliche
wenn es das Herz eines Kindes wird –
in ihm neu geboren das Geheimnis Gottes –
weil anderswo kein Platz für es ist

Das Gottgeheimnis das Kind
das uns geboren wird
in uns geboren wird
wachsen lassen –
ihm zutrauen
daß es uns verändert
von Grund auf

Und der Stern, den sie hatten aufgehen sehen,
zog vor ihnen her bis zu dem Ort, wo das Kind
war. (Mt 2,9)

Auch wir unterwegs
und auf der Suche

Und immer wieder der Stern
das aufleuchtende Licht
über unserm Weg
eine Ahnung
Dich zu finden
und immer wieder die Frage
nach dem Ort Deines Erscheinens

Geburt die von neuem geschieht
die wir von neuem erwarten
Geschehnis in der Tiefe unsres Herzens
von Dir gewirkt

Dein Leben
das in uns aufgeht
wenn wir stille halten
Deinem Wirken

Zeichenhaft unser Auszug heute abend
das am Berghang entzündete Feuer –
der Funke der überspringt
in die Mitte unseres Herzens
seine Dunkelheit hell macht

Nicht wieder zurückkehren an denselben Ort
von dem wir ausgegangen sind
nicht diesen Auszug hinter uns lassen
und einfach das Gewohnte fortsetzen
die übliche Feier abspulen
in die alte Gewöhnung zurückfallen

Dem Geheimnis dieser Nacht sich öffnen
den Raum unseres Zuhause verlassen
den Raum unserer Sicherheiten
in die wir uns eingenistet haben
den Raum unserer Gewohnheiten
wo das geschieht
was wir überschauen
was wir für möglich halten
was wir planen
diesen Raum hinter sich lassen

Einen Schritt hinaus tun
über die Schwelle des uns Vertrauten
in das Dunkel das uns umgibt

Licht das aufgeht in dieser Nacht
denen leuchtet die im Dunkel sind
unscheinbares Licht
das aufleuchtet in der Dunkelheit
Neubeginn in der Tiefe der Nacht

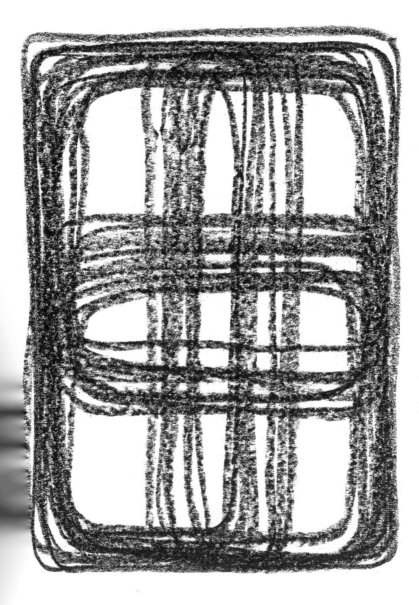

PALMSONNTAG

Dein Einzug
Deine Ankunft unter uns
wir die Wartenden am Wegrand

Warten auf Dein Kommen
am Beginn dieser Woche
Woche Deines Leidens
Du ziehst an uns vorbei

Einzug in die Stadt
Abendmahl Ölbaumgarten
Kreuzweg Einsamkeit
wer vermag Dir zu folgen

Warten daß Du Dich uns zeigst
daß Du uns öffnest –
Deine Liebe spüren
Deine alles Begreifen übersteigende Liebe
Dein Ja zu uns

Zeichen der Liebe die wir einander geben
grüne Zweige ausgestreut auf dem Weg
auf dem wir Dich erwarten

Mit Dir gehen
wenigstens ein kleines Stück
das Unbegreifliche anschauen
neu erbitten das Geschenk des Glaubens
des Vertrauens auf Dich
Deine Nähe zum Vater
Deine Gegenwart unter uns

KARFREITAG

Geheimnis für mich
Dein Leben
Dein Leidensweg
Dein Sterben

Einsamkeit Verrat Folter Kreuzigung
Leidensbereitschaft
Hingabe
Liebe
bis zum Äußersten

Mein Leben
eine Flucht vor dem Leiden
ein Kreisen um mich selbst
wie soll ich Dich verstehen
eine andere Welt
aus der Du kommst
und in die Du mich hineinziehen willst

Nicht Dich bemitleiden
weinet nicht über mich
sondern über euch
mich anklagen vor Dir
meine Sattheit
meine Teilnahmslosigkeit
meine Unentschiedenheit

Nicht Dich für mich vereinnahmen
nicht mich selber Christ nennen
ich gehöre zu denen
die die Schuld anhäuften
die Du auf Dich nimmst

Nicht ich bin zu Dir
Du bist zu mir auf dem Weg
ich ahne etwas von Deinem Kommen
Du wirst die Mauern einreißen
die mich einschließen

OSTERN

Geheimnis Deines Leidens
Deines Sterbens
Deiner Auferstehung
Geheimnis unseres Lebens
hineingenommen in Deinen Tod

Unsere Schuld
unsere Angst
unsere Ausweglosigkeit
unsere Todesahnung
verwandelt

Diese Osternacht
das Feuer
das entzündete Licht
in unsern Herzen
Du bist erstanden vom Tod
österliche Freude
die uns neu macht
die Ahnung neu geschenkten Lebens

Österlicher Glaube
erweckt durch die Botschaft der Zeugen
die Feier dieser Nacht
die uns verbindet

PFINGSTEN

Geist den wir empfangen
der lebendig macht
Heiliger Geist

Der uns löst aus den Fesseln der Schwermut
der einschnürenden Enge unserer Ängste
aus lähmenden Zweifeln
tödlicher Verzweiflung

Du alles verwandelnder
uns verwandelnder Geist
Du erweckst uns
aus der Bewußtlosigkeit unseres Dahintreibens
aus der Unentschiedenheit unseres Tuns unseres Wartens

Geist der lebendig macht Heiliger Geist
Du alles verwandelnder
uns verwandelnder Geist
reiß auf die Nebel
in denen wir uns verbergen
den Vorhang
hinter dem wir unser Inneres verstecken
unsere Not
unsere Bedrängnis
unsere Ohnmacht

Öffne unsere Augen füreinander
laß weit werden unser Herz füreinander
daß wir einander aufnehmen können
uns Wohnung geben beieinander
uns Kraft spenden und Liebe und Frieden
die von Dir kommen

Du alles verwandelnder
uns verwandelnder Geist des Auferstandenen

durchflute uns
mit Deiner Kraft Deiner Liebe Deinem Frieden
unsere Worte von Dir durchflutet
unser Tun unser Schweigen

Flut die uns erweckt
die fortspült unsere Lauheit
unsere Besorgnis unseren Kleinmut
uns eintaucht
in das Geheimnis Deiner Auferstehung

Seht ich mache alles neu
der Tod unser Tod
von Dir überwunden

CIP-Titelaufnahme der Deutschen Bibliothek
Stüttgen, Albert:
Einkehr in die Stille / Albert Stüttgen. – Hildesheim:
Bernward, 1990
ISBN 3-87065-563-1

© 1990 Bernward Verlag GmbH, Hildesheim
Titelgestaltung: Paul König, Hildesheim
Satz: O&S Satzteam, Hildesheim
Herstellung: Druckhaus Benatzky, Hannover
ISBN 3-87065-563-1

Günther Schiwy
KOSMISCHE GEBETE
des Teilhard de Chardin

63 Seiten, gebunden
ISBN 3-87065-400-7

Wir leben und bewegen uns nicht nur in Gott, wenn wir in der Welt sind, wir nehmen auch an seinem Werden teil, am Werden Gottes im Kosmos. Wir selbst sind Werdende, wir müssen es – aller Trägheit zum Trotz – auch sein wollen und uns für das Werden Gottes in uns und durch uns zur Verfügung stellen.

Von diesen kühnen, den Christen durchaus noch nicht selbstverständlichen Zusammenhängen zwischen Welt und Gott handeln die hier gesammelten Gebete. Wer sie meditiert und nachzubeten versucht, wird nicht mehr hin- und hergerissen werden zwischen Gottesdienst und Dienst an der Welt, zwischen Nächstenliebe und Gottesliebe, zwischen Selbstentfaltung und Opfer seiner Selbst, zwischen Nostalgie und Zukunftsgläubigkeit.

Aus dem Vorwort von Günther Schiwy

Dieser Band enthält eine Auswahl von Gebeten des großen Naturwissenschaftlers und Theologen Teilhard de Chardin.

Bernward

GEDEUTETES DASEIN

Romano Guardini

Ein Romano Guardini Textbuch

Philosophisch-theologische Ansprache
ausgewählt und vorgestellt von Franz Flintrop

96 Seiten, gebunden
ISBN 3-87065-339-6

In diesem Buch soll R. Guardini in eigenen Worten vorgestellt werden, in Worten, die Orientierungshilfe für die Deutung des Daseins "in gegenwärtige Stunde" zu geben vermögen. Dieses Angebot sollte geistige Neugier wecken und zu den Schriften von R. Guardini greifen lassen, um ihre ganze Fülle kennenzulernen und aus ihnen gutes Weggeleit zu erfahren.
Aus dem Vorwort von Franz Flintrop

Der Autor erschließt Zusammenhänge und Sinngehalt der Aussagen in Romano Guardinis Schriften für den interessierten Laien.

Bernward